Apóstolo Samuel Cameroun

HÁ SÓ UMA ESPERANÇA!

Apóstolo Samuel Cameroun

HÁ SÓ UMA ESPERANÇA!

Efésios 4 : 4 - 6

CREDO EDICIONES

Imprint
Any brand names and product names mentioned in this book are subject to trademark, brand or patent protection and are trademarks or registered trademarks of their respective holders. The use of brand names, product names, common names, trade names, product descriptions etc. even without a particular marking in this work is in no way to be construed to mean that such names may be regarded as unrestricted in respect of trademark and brand protection legislation and could thus be used by anyone.

Cover image: www.ingimage.com

Publisher:
CREDO EDICIONES
ist ein Imprint der / is a trademark of
International Book Market Service Ltd., member of OmniScriptum Publishing Group
17 Meldrum Street, Beau Bassin 71504, Mauritius
Printed at: see last page
ISBN: 978-613-4-42635-0

Décimo oitavo Estudo Bíblico/ 27

HÁ SÓ UMA ESPERANÇA!

Efésios 4: 4-6

Para VOCÊ!

Lembramos que este estudo da Bíblia, ***"Não é uma esperança!*** *" faz parte de uma série de sete mensagens doutrinárias fundamentais inseparáveis; feita a partir de Ef 4: 4 -6. Para Provérbios 9: 1 "A sabedoria edificou a sua casa; ela ergueu as suas sete colunas." "*

Toda a coleção é intitulada " **Aquele que lê, preste atenção! Outras Boas notícias! "**. *É composto por* 20 outros estudos bíblicos, *que o complementam. Esses estudos bíblicos foram todos planejados para o seu crescimento e edificação espiritual!*

A paz de Deus dentro, A alegria de Cristo fora...

PRÓLOGO ATIVADO...

Coleção da série cristã:
'' AQUELE QUE CAMA DE FAZER AVISO! ''
(Mateus 24:15)

Durante o curso de nossa caminhada espiritual, abordaremos os fundamentos da sã doutrina cristã, que é a coluna e o suporte da verdade. De acordo com o apóstolo Paulo encorajando seu fiel companheiro em 1 Timóteo 3: 14-15, ele lhe escreveu: '' *Estas coisas te escrevo, na esperança de voltar a ti em breve, mas para que saibas, se eu demorar, como devemos nos conduzir na casa de Deus, que é a Igreja do Deus vivo, coluna e sustentáculo da verdade.* '' Seguindo o apóstolo Paulo, os estudos desta série, ao longo, acoplarão os temas bíblicos doutrina aos da profecia, porque Jesus Cristo exortando fraternalmente a Igreja que é `` Membro de seu Corpo está sempre presente ao lado de sua família. Para isso, os ensinamentos da presente coleção serão baseados principalmente nos livros conjuntos do *Apocalipse* (*Apocalipse*), justaposta com a de *Daniel,* para confirmar esta boa nova da mensagem do evangelho. Visto que, no final dos séculos, a doutrina evangélica, os dez mandamentos de Moisés e a profecia foram preciosamente recomendados aos cristãos genuínos, para servir e como sua bússola na escuridão das trevas do mal. Isso se deve ao espírito de perplexidade que levou à apostasia doutrinária, agora muito popular, entre todas aquelas comunidades de cristãos que afirmam que a Bíblia chama de " *Babilônia, a Grande Mãe dos Proibidos!* " » *Apocalipse 17: 5.*

Além disso, devemos buscar a Deus com todas as nossas forças, nós que somos a geração no final da história deste mundo destinada à sua ruína iminente e eterna! É Jesus sozinho, que determinou as condições de sua salvação para qualquer um que sinceramente quer escapar saindo deste mundo ímpio. Para ele solenemente declara: " *ninguém pode vir a ele, se o Pai não o trouxer...* " No entanto, uma vez que vem ao Senhor, vamos também saber que Jesus acrescenta: " *ninguém pode vir a Deus sem passar por ele (Jesus)* ". Finalmente, qual é o objetivo da nossa caminhada cristã? E o que é a Igreja de Cristo? Pode ser uma organização denominacional? - As Assembléias Cristãs precisam depender de alguma agência governamental para provar que são a Igreja de Cristo?

Enquanto os verdadeiros cristãos estão se preparando para enfrentar a pior perseguição da história sagrada, pelo " *666* " que em breve condicionará todo homem, - Devem nossas finanças, como os dízimos, ser comprometidas para ganhar o céu? - Cristo ainda está presente nessas denominações chamadas Igrejas? - Quem deve ser o cabeça da Igreja de Cristo? - Como as comunidades cristãs estão sendo construídas atualmente sob o único pastor, Jesus Cristo? - A Igreja de Cristo tem líderes visíveis? - Esta Igreja de Cristo pode manter a corrupção? Isso pode comprometer nossa salvação por algumas doutrinas antibíblicas? Que igreja hoje está perfeitamente de acordo com a santa vontade de Cristo revelada na Bíblia?

Por todas essas perguntas e tantas outras que certamente esquecemos, a coleção `` *Que quem lê, preste atenção* ", oferece exclusivamente respostas bíblicas simples e bastante completas de acordo com cada tema abordado. As respostas a estas perguntas acima no enunciado, digamos assim, só serão dadas aos corações humildes, por isso esta série cristã *"Cuide-se ao que lê"*, é uma série de mensagens vivas. Eles foram elaborados com as necessidades espirituais de nossa geração em mente, especialmente as profecias de que a Bíblia, por meio de revelação e ensino doutrinário de Cristo, os apóstolos e profetas da antiguidade, nos convida a examinar incansavelmente dia e noite. numa vida de oração, a sua realização, a fim de nos dar a força para comparecer perante o Filho de Deus no último dia. Aqui está a promessa de Cristo à sua Igreja, " *Ao que vencer, e guardar as minhas obras até o fim, eu lhe darei autoridade sobre as nações.* » Apocalipse 2:26

NB: Salvo indicação em contrário, as referências bíblicas citadas nos estudos são retiradas da versão das sagradas escrituras (Louis Second). E para cada tópico, você pode consultar o resumo sobre a indicação ordinal (pergunta-resposta). A ny reação em particular, poderia provocar um suporte bíblico e/ ou comunidade personalizado, no entanto pouco, se você manifestar-se em nosso site, por telefonema WhatsApp ou em nosso endereço de e-mail marcado na parte inferior de cada página.

A Igreja apresenta assim a vocês uma série de *" 27 estudos bíblicos "*, complementando tantas mensagens de vídeo e áudio em uma versão eletrônica que pode ser baixada do site *www Christians-Église.org*. Tudo isso por igual número de livrinhos, a serem oferecidos aos poucos, conforme o Senhor Javé Deus provê com misericórdia e graça em Jesus Cristo!

Toda esta coleção é oferecida gratuitamente, a fim de respeitar o espírito de Cristo que nos recomendou doá-la, pois a recebemos gratuitamente:

ENTÃO NÃO PODE NINGUÉM VENDER ESTA PALAVRA DE DEUS!

Mas primeiro, convidamos você a receber a carta do Autor escrita para seus leitores. Esta carta pode servir como um roteiro e um guia educacional. No entanto, nunca é cristão acreditar que nosso Senhor agirá de forma idêntica em todos os casos, durante o seu crescimento espiritual, ou durante o ministério pastoral de evangelização através de você. É por isso que, mais uma vez, o convidamos a ficar atento à sua voz espiritual, através do canal infalível que representa para todos, a leitura assídua de sua palavra, a Bíblia.

CARTA DE ENCORAJAMENTO DO AUTOR, PARA VOCÊ!

B rothers e irmãs, que a paz de Deus, que excede todo o entendimento, guardará os vossos pensamentos em Cristo Jesus! "

Bem-vindo, tomando com a Igreja, o pequeno caminho muito estreito que leva na eternidade, e dos quais apenas o Filho de Deus, é o Guia eo Pastor Soberano...

Em primeiro lugar, aconselharemos você durante seu estudo da Bíblia a ser crítico quanto ao significado das doutrinas às quais essas letras sagradas abordarão. Nisto, você estará seguindo as recomendações dos apóstolos de acordo com Atos 17:11. *" Esses judeus tinham sentimentos mais nobres do que os de Tessalônica; eles receberam a palavra com toda a avidez, e examinavam as Escrituras todos os dias para ver se o que estava sendo dito a eles estava correta. "*

Conforme você cresce como cristão, leia sua Bíblia regularmente. Ouça o Espírito Santo. Compartilhe essa riqueza com outras pessoas. Seja generoso, especialmente com as pessoas ao seu redor. Saiba como encorajar iniciativas de estudo da comunidade. Teste aqueles que por um espírito de crítica vã, irão acusá-lo de um sectário. Lute sem se distrair com os inimigos de suas almas. Simplifique sua vida cristã. Ajude os pobres em sua vizinhança, começando pelos membros de sua família. Envolva-se em campanhas de evangelismo público. Explorar todos os nichos de comunicação, e espalhar a boa notícia como semeadores de vida!

Não ignore ninguém em suas orações. Invoque o favor do Senhor Deus sobre aqueles que te ouvem, mas também sobre aqueles que irão resistir a você. " Não tenho inimigos..., viver em paz com todos..., e estar em perfeita harmonia... ", com toda a Igreja de Cristo local no país, cidade ou bairro de sua residência.

Irmãos e irmãs, " fujam do pecado " e " sejam santos " porque " nosso Deus é santo. " E em gratidão a Deus por ter te salvado e enviado ", cante para Ele constantemente e canções espirituais sob a inspiração de Seu Espírito. "

Como você " recebeu de graça ", por favor, não quebre esta cadeia de solidariedade! Com os novos discípulos, comece apresentando o evangelho e, a seguir, aborde os temas doutrinários com base em seu público e nas necessidades espirituais. Você poderá escolher os temas que mais lhe agradam, obedecendo à voz do Espírito Santo. E como o " eunuco etíope " sabe que Cristo se juntará a eles na estrada quando você se der ao trabalho de ensiná-los, especialmente aos jovens. Dai-vos aos vossos Irmãos cristãos « como oferta a Deus », porque « a colheita é grande, mas os trabalhadores são poucos. " Além disso, lembre-se da promessa de Cristo na parábola dos " obreiros da última hora "

Assim, " nossa alegria será perfeita " em saber que vocês estão a caminho da pátria celestial, sendo filhos de Deus e servos de Cristo, se vocês aprenderam que " não há maior amor do que dar a vida por aqueles que nós amor ". Assim como " há mais alegria em dar do que em receber "

Enfim, alegrem-se, enquanto esperam por nosso Salvador Jesus, que " não se esquecerá de sua participação na propagação do evangelho e na mensagem da verdade ". Não tenha medo, mas do próprio Deus. E depois, muito rapidamente, conte-nos sobre o seu testemunho: dons que o Espírito Santo terá concedido a você, com vistas ao aperfeiçoamento do corpo de Cristo. " Seja abençoado em todos os sentidos! "

*Por isso, " **AMADO** ", receba como um presente do Senhor Jesus estes estudos bíblicos, transmitidos pelo ministério de evangelização da sua Igreja nos Camarões, pelo teu devoto servo e modesto irmão de África, que o quis lembrar que YEHWEH Deus, por seu Filho Jesus Cristo, te ama com Amor Eterno. Acredite também em nosso devotado afeto fraterno, mediante a entrada do Espírito Santo. Amém!*

NB: *No final do th é B estudo ible, deste título, você vai encontrar os diferentes temas propostos na coleção estudo da Bíblia **"Deixe aquele que lê, ser cuidadoso"**. Lembramos aos leitores que esta série de estudos bíblicos cristãos está disponível gratuitamente para sua edificação em www.chrétiens-Église.org*

CAMARÕES SAMUEL, Apóstolo do SENHOR JESUS CRISTO.

cameroun samuel@gmail.com Tel + 237 690600469 ou + 237 679647767

TEXTO INTRODUTÓRIO

João 20: 1- 21

"No primeiro dia da semana, Maria de Magdala foi ao sepulcro pela manhã. (…) Ela correu para Simão Pedro e para o outro discípulo a quem Jesus amava, e disse-lhes: Tiraram o Senhor do sepulcro, e não sabemos onde o puseram. Pedro e o outro discípulo... foram ao sepulcro. Os dois estavam correndo juntos. (...) Porque eles ainda não entendiam que, segundo as Escrituras, Jesus tinha que ressuscitar dos mortos. (…) Porém, Maria estava do lado de fora perto do sepulcro, chorando. Enquanto chorava, ela se abaixou para olhar o sepulcro; e ela viu dois anjos vestidos de branco, sentados no lugar onde o corpo de Jesus estava deitado, um na cabeça e outro nos pés. Disseram a ela: Mulher, por que você está chorando? Ela respondeu-lhes, Porque tiraram o meu Senhor, e eu não sei onde o puseram. Ao dizer isso, ela se virou e viu Jesus de pé; mas ela não sabia que era Jesus. Jesus disse-lhe: Mulher, por que choras? Quem é que voce esta

procurando? Ela, pensando que era o jardineiro, disse-lhe, Senhor, se foi você quem levou embora, diga-me onde você tem colocá-lo, e eu vou levá-la. Jesus disse-lhe: Maria! Ela se virou e disse a ele em hebraico: Rabbouni! Quer dizer, Mestre! Jesus disse -lhe: Não me toque; pois ainda não subi para meu pai. Mas vá encontrar meus irmãos e diga-lhes que estou subindo para meu Pai e seu Pai, para meu Deus e seu Deus. Maria Madalena foi ao contar aos discípulos que vira o Senhor, e que ele lhe dissera estas coisas. Na noite desse dia, que era o primeiro da semana, as portas do lugar onde os discípulos estavam sendo fechadas, por causa do medo dos judeus, veio Jesus, pôs no meio deles, e disse-lhes, a paz esteja com vocês! E quando ele disse isso, ele mostrou a eles suas mãos e seu lado. Os discípulos ficaram muito felizes quando viram o Senhor. (...) Como o Pai me enviou, eu também te envio. "

INTRODUÇÃO

A GLORIOSA ABDUÇÃO DE ACORDO COM O APOCALIPSE

A volta de Jesus, voltando para reunir os seus, é o grande tema da Bíblia. Um em cada onze versículos do Novo Testamento, e 2, 500 em toda a Bíblia, fala deste evento, embora esta palavra não é encontrada na Bíblia.

Este evento é o objetivo final da profecia bíblica e é mais evidente no *Apocalipse do* que em qualquer outro livro da Bíblia. Estudar o *Apocalipse* é se tornar eminentemente familiarizado com a volta de Jesus e o arrebatamento dos santos. É fácil ver por que Satanás tenta impedir as pessoas de ler o Apocalipse.

É surpreendente lembrar que quando ele veio pela primeira vez, ainda bebê, em Belém, todos ficaram surpresos. Ninguém estava preparado, apesar das centenas de profecias do Antigo Testamento que previam esse retorno com munitia surpreendente.

Mas as pessoas aplicaram falsamente as profecias da Segunda Vinda e ignoraram aquelas relacionadas à sua Primeira Vinda. Então, eles o rejeitaram quando ele veio como um menino de uma família pobre.

A história sempre se repete. É devastador para considerar, mas é possível que os cristãos estão ocupados misapply as centenas de profecias sobre nt sua segunda vinda?

Alguns estariam em processo de preparação para uma surpresa impensável? Falando de seu retorno, Jesus claramente avisa. Em Mateus 24: 4 ele diz: " *Cuidado para que ninguém te engane* ". Ele acrescenta que os equívocos sobre o arrebatamento serão tão poderosos e convincentes que " *se fosse possível até os eleitos seriam enganados.* " *Então ele solenemente avisa: " Aqui eu te disse de antemão "*. Hoje dizemos: " *Já avisei* ".

À luz desta advertência solene de Jesus, vamos orar agora enquanto estudamos essas profecias para saber o que elas revelam sobre esse bendito arrebatamento.

JESUS VOLTARÁ

1. Como os anjos falam sobre o retorno de Jesus?

Atos 9: 11 " *Ele.. do caminho.* "

Nota:

a. Eles o viram ir - Ele estará visível

b. Ele saiu em uma nuvem - Ele voltará em uma nuvem

c. Ele partiu fisicamente - Ele retornará fisicamente

Sua ascensão foi, portanto, literal, visível e corporal. Seu retorno também será.

2. O que o Apocalipse diz sobre a volta de Jesus? Apocalipse 1: 7 " *Eis, ele............... Com o ....* "

3. Como Jesus mostra seu amor por aqueles que o crucificaram? *Apocalipse 1: 7*

" Eis, que vem com as nuvens. E todo olho o verá, mesmo aqueles que o perfuraram; e todas as tribos da terra lamentarão por causa dele. sim. Um homem! "

4. O que todos os olhos verão que isso significa? 1 *Ts 4: 14 - 17*

" Porque, se cremos que Jesus morreu e que ele ressuscitou, nós também acreditamos que Deus vai trazer de volta por meio de Jesus e com ele os que morreram. Assim vos dizemos, segundo a palavra do Senhor: Nós, que vivemos, que permanecermos até a vinda do Senhor, não iremos à frente dos que estão mortos. Porque o mesmo Senhor, a um sinal dado, pela voz do arcanjo, e pelo som da trombeta de Deus, virão para baixo do céu, e os mortos em Cristo será levantada pela primeira vez. Então nós, os vivos, que permanecermos, seremos todos arrebatados com eles nas nuvens, para encontrar o Senhor nos ares, e assim estaremos sempre com o Senhor. "

5. Quantas ressurreições existem? Apocalipse 20: 4

" E eu vi tronos; e aqueles que estavam sentados receberam poder de julgar. E vi as almas daqueles que foram degolados por causa do testemunho de Jesus e pela palavra de Deus, e para aqueles que não adoraram a besta ea sua imagem, e recebeu a marca. na testa e na mão. Eles nasceram de novo, e eles reinaram com Cristo durante mil anos. "

6. Qual é o destino dos incrédulos durante a ressurreição dos justos? Apocalipse 20: 5

" O resto dos mortos não reviveu até que os mil anos se completassem. Esta é a primeira ressureição. "

7. A Bíblia listas quantas ressurreição s e quantas mortes? Apocalipse 20: 6

" Felizes e santos os que participam da primeira ressurreição! A segunda morte não tem poder sobre eles; mas serão sacerdotes de Deus e de

Cristo, e reinarão com ele mil anos. "

8. Quanto tempo durará a sentença de Satanás na escuridão do desastre de 1000 anos? Apocalipse 20: 7 - 9

" Quando os mil anos se completarem, Satanás será libertado de sua prisão. E ele sairá para enganar as nações que estão nos quatro cantos da terra, Gog e Magog, a fim de reuni- los para a guerra; seu número é como a areia do mar. E subiram sobre a face da terra, e cercaram o acampamento dos santos ea amada cidade. Mas o fogo desceu do céu e os devorou. "

9. O diabo remove aqueles que serão destruídos nas chamas do inferno ou ele é seu executor? Apocalipse 20: 10

" E o diabo, que os enganava, foi lançado no lago de fogo e enxofre, onde estão a besta e o falso profeta. E eles serão atormentados dia e noite, para todo o sempre. "

10. Quem são as pessoas afetadas pela visão de Jesus no último dia? Apocalipse 1: 7

" Eis, que vem com as nuvens. E todo olho o verá, mesmo aqueles que o perfuraram; e todas as tribos da terra lamentarão por causa dele. sim. Um homem! "

11. Na primeira ressurreição, quem será afetado? 1 Tessalonicenses 4: 16-17

" Porque o mesmo Senhor, em um sinal dado, pela voz do arcanjo, e pelo som da trombeta de Deus, descerá dos céus, e os mortos em Cristo será levantada pela primeira vez. Então nós, os vivos, que permanecermos, seremos todos arrebatados junto com eles nas nuvens, para encontrar o Senhor nos ares, e assim estaremos sempre com o Senhor. "

12. Devemos crer que Jesus garantiu a salvação aos soldados que o crucificaram? Apocalipse 1: 7

" Eis, ele vem com as nuvens. E todo olho o verá, mesmo aqueles que o perfuraram; e todas as tribos da terra lamentarão por causa dele. sim. Um homem! "

13. Como se expressa a fé dos soldados s que crucificaram? Mateus 27:54

" O centurião e os que com ele estavam a guardar Jesus, vendo o terremoto e o que tinha acontecido, foram apreendidos com grande medo, e disse: Certamente este homem era o Filho de Deus. "

14. Quanto aos restos mortais dos perdidos, como estarão quando Cristo voltar? Apocalipse 1 7: 1

" Eis, que vem com as nuvens. E todo olho o verá, mesmo aqueles que o perfuraram; e todas as tribos da terra lamentarão por causa dele. sim. Um homem! "

15. Quais s tribo s será poupado s lamento o retorno de Cristo eo fim do mundo?

Apocalipse 7: 3 - 4 " *Não façais mal à terra, nem ao mar, nem às árvores, até que selemos a frente dos servos do nosso Deus. E ouvi o número dos selados, cento e quarenta e quatro mil, de todas as tribos dos filhos de Israel...* " Apocalipse 14 Apocalipse 14: 1" *Olhei, e eis que, o Cordeiro em pé levantou no monte Sião, e com ele cento e quarenta e quatro mil pessoas, que tiveram o seu nome eo nome de seu Pai escrito nas suas testas.* "

16. O que nos leva a crer que Jesus trabalhou pela salvação de seus algozes? Lucas 23: 33-34

" *Quando eles chegaram ao lugar chamado Caveira, o crucificaram lá, como bem como os dois criminosos, um à direita, outro à esquerda. Jesus disse: Pai, perdoa-lhes, porque não sabem o que estão a fazer. Eles dividiram suas roupas, jogando sorte.* "

17. Que significado é atribuído às nuvens? Salmo 104: 3-4; 68: Salmo 68: 17-18

" Os carros do Senhor são contados em vinte mil, em milhares e em milhares; O Senhor está entre eles, o Sinai está no santuário. "

Nota: Em Mateus 25:31 Jesus diz que todos os anjos de seu Pai o acompanharão. Miríades de anjos brilhantes cobrirão o céu como as nuvens.

18. Quem verá Jesus quando ele voltar? Apocalipse 1: 7

" Eis, que vem com as nuvens. E todo olho o verá, mesmo aqueles que o perfuraram; e todas as tribos da terra lamentarão por causa dele. sim. Um homem! "

Nota: isso é muito claro para ser mal interpretado. Qualquer pessoa que vive na terra verá Jesus voltar. Isso inclui tanto os eleitos quanto os perdidos. Mateus 24: 30, diz bem Que *" todas as tribos da terra choram Seu aparecimento "*.

19. O que os anjos fazem quando ele aparece? Mateus 24:31

" Ele enviará os seus anjos com o som da trombeta, e eles ajuntarão os seus eleitos desde os quatro ventos, de uma extremidade à outra dos céus. "

Nota: Jesus claramente nos ordena não ir aos falsos cristos. Quando desobedecemos a tal ordem, nos colocaremos em perigo e o Diabo terá uma grande vantagem sobre nós. Se você for, quando Jesus disse *" não vá "*, você corre o grande risco de ser enganado.

20. Jesus ensina um arrebatamento secreto?

a. Mateus 24:27 *" Porque, assim como a luz vem do oriente e se mostra até ao ocidente, assim será a vinda do Filho do homem. "*

Nota: Não há segredo quando cai um raio.

b. Em 1 Tessalonicenses 4: 16 *" Para o próprio Senhor, em um sinal de Dada, a voz do arcanjo e com a trombeta de Deus, descerá do céu e os mortos em Cristo ressuscitarão primeiro. " E no Livro de* 1 Coríntios 15: 51 - 52 *Paulo diz novamente: " Eis, eu vos digo um mistério: não vamos todos morrer, mas vamos todos ser mudado, num momento, num abrir e fechar de um olho, até a última trombeta. a trombeta vai soar, e os mortos serão ressuscitados incorruptíveis, e nós seremos transformados. "*

Nota: Mais uma vez, não há segredo. Na verdade, Jeremias declara que o Senhor rugirá do alto, um clamor que será ouvido até os confins da terra, quando ele voltar. Jeremias 25: 29-31 " *Para, eis que, na cidade sobre a qual meu nome é chamado eu começar a fazer o mal; E você, você ficaria impune! Você não ficará impune; Pois chamarei a espada sobre todos os habitantes da terra, diz o Senhor dos exércitos. E tu profetiza todas essas coisas para eles, e dizer -lhes, O SENHOR bramarão do alto; De sua sagrada morada, ele fará sua voz ressoar; Ele rugirá contra o lugar de sua residência; Ele clamará, como os que pisam o lagar, contra todos os habitantes da terra. O barulho chega ao fim da terra; Porque Jeová está em disputa com as nações, Ele está em juízo contra toda a carne; Ele entrega o ímpio à espada, diz o Senhor.* "

21. A volta de Cristo é um evento que diz respeito a alguma parte da terra? Jeremias 25:32 - 33

" *Assim diz o Senhor dos exércitos; Eis, calamidade vai de nação para nação, e grande tempestade está chegando dos confins da terra. Aqueles que o Senhor matar naquele dia serão espalhados de uma extremidade da terra a outra; Eles não serão pranteados, nem recolhidos, nem enterrados, eles serão como esterco na terra. "*

22. E quanto a esses pretensos pastores que seduzem as pessoas com milagres diabólicos? Jeremias 25: 34-37

" Lamentem, pastores, e chorem! Rolem nas cinzas, pastores! Pois chegaram os dias em que você será morto. Eu vou quebrar você, e você vai cair como um vaso de prêmio. Não há mais refúgio para pastores! Não há mais salvação para os pastores! Ouvimos os gritos dos pastores, Os gemidos dos pastores; Pois o Senhor está destruindo seu pasto. Moradas pacíficas são destruídas pela ira ardente do Senhor. "

23. Que figura mostra a terra? Jeremias 25:38

" Ele deixou sua casa como um filhote de leão em sua cova; Pois a terra deles foi reduzida a um deserto Pela cólera do destruidor E por sua ira ardente. "

24. O que acontece aos justos no arrebatamento?

no. 1 Coríntios 15: 51 - 52 *" Eis, aqui vos digo um mistério: nem todos morrem, mas vamos todos ser alterados, em um instante, em um piscar de olhos, ante a última trombeta. A trombeta soará, e os mortos serão ressuscitados incorruptíveis, e nós seremos transformados. "*

b. 1 Tessalonicenses 4: 16 *" Porque o Senhor se com um grito, com a voz do arcanjo, ea trombeta de Deus, descerá dos céus e os mortos em Cristo ressuscitarão primeiro. "*

vs. 1 Tessalonicenses 4:17 *" Então nós, os que vivermos, e os que ficarmos, seremos todos arrebatados com eles nas nuvens, para encontrar o Senhor nos ares, e assim estaremos sempre com o Senhor. "*

Nota: Quando Jesus voltar, os justos mortos, ressuscitarão com o novo corpo, imortal. Como para os justos vivos, que serão arrebatados juntamente com eles para encontrar o Senhor nas nuvens de anjos, que enchem o céu de glória indescritível.

25. O gen santos corpo re ternos re s?

no. Filipinas 3: 20-21 " *Mas a nossa cidade está nos céus, de onde também esperamos como Salvador no Senhor Jesus Cristo, que transformará o corpo da nossa humilhação, fazendo-o semelhante ao corpo da sua glória, pelo poder que ele tem que subjugar todas as coisas.* "

b. Luke 24:36 - 45 " *Enquanto eles estavam fazendo, assim, este, ele próprio estava entre eles, e disse a eles, A paz esteja convosco! Tomados de medo e terror, eles pensaram que viram um espírito. Mas ele disse-lhes, Por que estais perturbados, e por que tais pensamentos subindo em vossos corações? Veja minhas mãos e meus pés, sou eu; toque-me e veja: um espírito não tem carne nem ossos, como você vê que eu tenho. E, dizendo isso, mostrou-lhes as mãos e os pés. Como eles ainda não acreditava em sua alegria, e foram espantado, disse-lhes, Você tem alguma coisa para comer aqui? Eles o presentearam com peixe assado e um favo de mel. Ele pegou um pouco e comeu na frente deles. Então disse-*

lhes, Isto é o que eu disse quando eu ainda estava com você, que tudo o que está escrito sobre mim na Lei de Moisés, nos Profetas, e nos Salmos. Então ele abriu suas mentes para eles, para que pudessem entender as Escrituras. "

26. Em que corpos de santos podemos pensar que foram ressuscitados com a morte de Jesus Cristo? Êxodo 13:19

" Moisés levou os ossos de José consigo; para José fez os filhos de Israel jurar, dizendo, Deus irá visitá-lo, e você vai trazer os meus ossos com você daqui. " Gênesis 23: 19-20 *" Depois disso, Abraão sepultou Sara, sua esposa, na avenida do campo de Macpelah, em frente a Manre, que é Hebron, na terra de Canaã. O campo e a caverna que estavam nele permaneceram para Abraão como uma possessão sepulcral, adquirida dos filhos de Heth. "*

27. Como eles foram ressuscitados? Mateus 27: 50-5 4

" Jesus soltou um grito alto de novo, e entregou o espírito. E eis que, o véu do templo se rasgou em dois, de cima para baixo, a terra tremeu, as rochas foram dividida, as sepulturas foram abertas, e muitas corpos de santos que estavam mortos foram ressuscitados. Saindo dos sepulcros, depois da ressurreição de Jesus, entraram na cidade santa, e apareceram a um grande número de pessoas. O centurião e os que com ele para manter Jesus, vendo o terremoto e o que tinha acontecido, foram apreendidos com grande medo, e disse, Certamente este homem era o Filho de Deus. "

28. Na sua volta, Jesus pisará a nova terra de seus pés, ou ele permanecerá no ar?

1 Tessalonicenses 4: 17, " Então, quem somos nós, os que PERMANECEMOS, seremos todos sequestrados com eles nas nuvens para encontrar o Senhor nos ares: e. Assim estaremos para sempre com o Senhor "

Nota: Jesus prometeu vir e fazer com que seu povo os levasse consigo para o céu. *João 14: 1-3.* Ele nunca prometeu que reinaria imediatamente (após seu retorno) na terra em seu estado de pecado; João vê os redimidos diante do trono celestial para onde Jesus os conduziu após encontrá-los no ar. Apocalipse 7: 9-10 " *Depois disto, eu olhei, e eis que, havia uma grande multidão, que ninguém podia contar, de todas as nações, e de toda a tribo, de cada povo, e de cada língua. Eles estavam diante do trono e diante do Cordeiro, vestidos de vestidos brancos, e com palmas nas suas mãos.* "

FALSE CHRISTS APARECERÃO

29. Como você será capaz de identificar um impostor?

Nota: Imagine que em Jerusalém, um ser glorioso aparece de repente, afirmando ser o Cristo e correspondendo à descrição de Jesus em *Apocalipse 1: 13-17 " e, no meio dos sete castiçais, alguém que parecia filho do homem, vestindo um longo manto, e com um cinto de ouro em seu peito. Sua cabeça e cabelo eram brancos como lã, brancos como neve; seus olhos eram como uma chama de fogo; seus pés eram como latão quente, como se ele tivesse sido incendiado em uma fornalha; e sua voz era como o som de grandes águas. Ele tinha sete estrelas na mão direita. De sua boca saía uma afiada, espada de dois gumes; e seu rosto era como o sol quando brilha em sua força. Quando o vi, caí a seus pés como morta. Ele colocou sua mão direita sobre mim, dizendo: Não temas! "*

Nota: Ele começa a pregar belas verdades bíblicas com poder, chamando fogo do céu na terra, curando os doentes, parando guerras, lendo mentes, abençoando as crianças etc...

30. Qual seria sua reação?

Resposta: ....
....

31. Como saberemos que é um falso Cristo? *1 Tessalonicenses 4: 9-18*

" Quanto ao amor fraternal, você não precisa ser escrito para você; porque vós mesmos aprendestes de Deus a amar-vos uns aos outros, e isto é também o que estais fazendo a todos os irmãos em toda a Macedônia. Mas nós pedimos que você, irmãos, que abundam cada vez mais neste amor, e para colocar a sua honra viver em paz, para importar os seus próprios negócios, e trabalhar com o seu mãos, como nós ter recomendado a você, para que você se comportar honestamente para aqueles de fora, e que você não precisa de ninguém. Não queremos que ignoreis os que dormem, irmãos, para que não sofrais como os outros que não têm esperança. Porque, se cremos que Jesus morreu e

que ele ressuscitou, nós também acreditamos que Deus vai trazer de volta por meio de Jesus e com ele os que morreram. Assim vos dizemos, segundo a palavra do Senhor: Nós, que vivemos, que permanecermos até a vinda do Senhor, não iremos à frente dos que estão mortos. Porque o mesmo Senhor, a um sinal dado, pela voz do arcanjo, e pelo som da trombeta de Deus, descerá dos céus, e os mortos em Cristo será levantada pela primeira vez. Então nós, os vivos, que permanecermos, seremos todos arrebatados junto com eles nas nuvens, para encontrar o Senhor nos ares, e assim estaremos sempre com o Senhor. Portanto, confortem uns aos outros com essas palavras. "

Nota: Porque em seu retorno Jesus aparece no ar e não na terra.

SATANÁS E SEUS MINISTROS PARA MASCARAR COMO CRISTO EM SEU POU VOI R SIMULANDO PARA HOMENS PERDEDORES

32. Este baile de máscaras acontecerá neste fim do mundo, e como?

Nota: sim. Devemos lembrar que o diabo:

a) APARECE COMO UM ANJO DE LUZ; 2 Coríntios 11:14 - 15 " *E isso não é surpreendente, visto que o próprio Satanás se disfarça de anjo de luz. Portanto, não é estranho que seus ministros também se disfarçam de ministros da justiça. Seu fim será de acordo com suas obras.* "

b) FAZ MILAGRES; Apocalipse 16: 14, " *Porque são espíritos de* *demônios, operando milagres, qui saem aos reis de todo o mundo, para reuni-los para a batalha daquele grande dia do Deus Todo-Poderoso. ",* 2 Tesalônios 2: 9 - 12 " *O aparecimento deste maligno será feito, pelo poder de Satanás, com todos os tipos de milagres, sinais e prodígios de mentira, e com todas as seduções da iniqüidade para aqueles que perecem porque não receberam o amor do verdade para serem salvos. Portanto, Deus lhes envia um poder de ilusão, para que eles acreditem na mentira, para que todos aqueles que não acreditaram na verdade, mas que tiveram prazer na injustiça, sejam condenados.* "

c) derrubar o fogo do céu: Apocalipse 13: 13 -18 " *Ela trabalhou grandes maravilhas, até mesmo ao ponto de fazer descer fogo do céu à terra, à vista dos homens. E ela enganou os habitantes da terra pelas maravilhas que lhe foram dadas para fazer na presença da besta, dizendo aos habitantes da terra para fazer uma imagem à besta que tinha a ferida de espada e que viveu.. E foi-lhe dada para animar a imagem da besta, que a imagem da besta falasse, e fizesse que todos os que não adorassem a* *imagem da besta deve ser morto. E ela fez com que todos, pequenos e grandes, ricos e pobres, livres e escravos, recebessem uma marca na mão direita ou na testa, e que ninguém pudesse comprar ou vender, sem ter a marca, o nome da besta. ou o número de seu nome. Aqui está a sabedoria. Aquele que tem entendimento calcule o número da besta. Pois é o número de um homem, e seu número é seiscentos e sessenta e seis. "*

d) USE AS ESCRITURAS SAGRADAS; *Mateus 4: 5-7 " O diabo levou-o até a cidade santa, colocou-o sobre o topo do templo, e disse-lhe, Se você é o Filho de Deus, lança-te para baixo; pois está escrito: Ele dará ordens aos seus anjos a seu respeito; E eles vão sustentá-lo em suas mãos, com lastro você bate com o pé numa pedra. Disse-lhe Jesus, Ele também está escrito, Não tentarás o Senhor teu Deus. "*

e) É BONITO E SÁBIO; *Ezequiel 28: 12 - 19 " Filho do homem, proferir uma* *lamentação sobre o rei de Tiro! Você deve dizer-lhe, assim diz o Senhor DEUS: Você define o selo sobre a perfeição; Você estava cheio de sabedoria, e perfeito em beleza. Você estava no Éden, o jardim de Deus; Você estava coberto com todos os tipos de pedras preciosas, com sardony, com topázio, com diamantes, com berilo, com ônix, com Jasper, com safira, com carbúnculo, com esmeralda, e com ouro; Seus pandeiros e suas flautas estavam ao seu serviço, preparados para o dia em que você foi criado. Você era um querubim protetor com asas estendidas; Eu coloquei você e você estava no monte sagrado de Deus; Você estava caminhando entre as pedras cintilantes. Você tem sido irrepreensível em seus caminhos desde o dia em que foi criado até o dia em que a iniqüidade foi encontrada em você. Pela grandeza do seu comércio você estava cheia de violência, e você pecou; Eu te lanço do monte de Deus, e te destruo, querubim protetor, do meio das pedras brilhantes. Seu coração se exalta por causa da sua beleza, Você corrompeu a sua sabedoria com o seu brilho; Eu te jogo no chão, eu te entrego como um espetáculo aos reis. Por causa da multidão de suas iniqüidades, pela injustiça de seu comércio, vocês profanaram seus santuários; I trazer para fora um incêndio de entre vós que devora você, eu reduzi-lo a cinzas sobre a terra, Aos olhos de todos os que olham para você. Todos aqueles que te conhecem entre os povos ficam maravilhados por causa de ti; Você está reduzido a nada, você nunca será novamente!* "

33. Será seguro ir e ver um falso Cristo?

Mateus 24: 23-26 " *Se alguém então vos disser: Cristo está aqui, onde: Ele está ali, não acreditem. Pois surgirão falsos cristos e falsos profetas; farão grandes maravilhas e milagres, a ponto de seduzir, se possível, até os eleitos. Aqui, eu disse a você com antecedência. Se, portanto, eles dizem para você, Behold, ele está no deserto, não vá lá; eis que, ele está nos quartos, não acredito nele.* "

Avaliação: Jesus não disse: " *Não vá.* " Jesus claramente nos ordenou que não víssemos falsos cristos. Quando desobedecemos tal ordem, estaremos em perigo e o Diabo na uma grande vantagem sobre nós. Se você for lá quando Jesus disse " *não vá* ", você corre o grande risco de ser enganado.

34. O que os ímpios farão durante o arrebatamento?

Apocalipse 6:14 - 17

" O céu recuou como um livro enrolado; e todas as montanhas e ilhas foram removidas de seus lugares. Os reis da terra, os grandes, os chefes militares, os ricos, os poderosos, todos os escravos e os homens livres, se esconderam nas cavernas e nas rochas das montanhas. E eles diziam aos montes e aos rochedos, Caí sobre nós, e nos esconder do rosto daquele que está assentado no trono, e da ira do Cordeiro; pois o grande dia da sua ira chegou, e quem pode resistir? "

35. O que acontece com os ímpios durante o arrebatamento?

2 Tessalonicenses 1: 6 - 10 " *Pois é a justiça de Deus para serdes atormentados recompensa para aqueles que você se lamentar, e para darlhe, a você que está preocupado demais com a gente, quando o Senhor Jesus desde o céu com os anjos do seu poder, no meio de uma chama de*

fogo, para punir os que não conhecem a Deus e os que não obedecem ao Evangelho de nosso Senhor Jesus. O seu castigo será a ruína eterna, longe da presença do Senhor e da glória do seu poder, quando ele vier a ser, naquele dia, glorificado em seus santos e admirado em todos os que crêem, pois o nosso testemunho a vocês foi acreditado. " Isaías 11: 4 " *Mas ele julgará os pobres com justiça, e ele pronunciará com justiça sobre os pobres da terra; Ele ferirá a terra com sua palavra como com uma vara, e com o sopro de seus lábios matará os ímpios.* "

36. Por que Deus não dá aos ímpios uma segunda chance? 2 Thesalonians 2: 10 - 12

" *E com todo engano injusto piolho r aqueles que perecem porque não receberam o amor da verdade para serem salvos. Então Deus lhes envia um poder de ilusão, para que eles creiam na mentira, para que todos aqueles que não acreditem na verdade, mas quem teve prazer na injustiça, pode ser condenado.* "

Nota: The Lost também desprezou uma segunda chance. Eles se rebelaram novamente, por causa de seus corações maus. Eles desafiaram a Deus ao decidir desobedecê-Lo, mesmo depois de Deus revelar Seu maravilhoso amor a eles por meio de Seu Filho Jesus Cristo. Na verdade, eles seriam infelizes no Céu, pois suas vidas estão em total desarmonia com o amor de Deus e sua verdade.

37. Como será a glória após o arrebatamento?

Lucas 9:26 " Pois, qualquer que se envergonhar de mim e das minhas palavras, o Filho do homem se envergonhará dele, quando vier na sua glória, e na do Pai e dos santos anjos. "

Nota: A glória de um único anjo é suficiente para fazer com que toda a guarda romana desmorone como morta diante do túmulo de Jesus. *Mateus 28:* 2-4. Em seguida, tente visualizar a glória de bilhões de anjos, mais a de Deus Pai e a de Jesus o Filho. Sim, Jesus retorna com poder e glória.

38. O que Cristo e seus exércitos farão às nações?

Apocalipse 19: 11-16 " Então eu vi os céus abertos, e eis que, apareceu um cavalo branco. Aquele que o montou é chamado de Fiel e Verdadeiro, e ele julga e luta com retidão. Seus olhos eram como uma chama de fogo; em sua cabeça havia vários diademas; ele tinha um nome escrito, que ninguém conhece, exceto ele mesmo; e ele estava vestido com uma roupa tingida de sangue. Seu nome é a Palavra de Deus. Os exércitos que estão no céu o seguiram em cavalos brancos, vestidos com um linho fino, branco, puro. De sua boca saiu uma espada afiada para golpear as nações; ele os governará com uma barra de ferro; e ele pisará o lagar do vinho do furor da ira do Deus Todo-Poderoso. Ele tinha um nome escrito em sua vestimenta e em sua coxa: Rei dos reis e Senhor dos senhores. "

Nota: Todos os poderes do mal na terra serão destruídos.

39. Qual é o objetivo principal da volta de Jesus?

João 14:23 " *Jesus respondeu-lhe: Se alguém me ama, guardará a minha palavra, e meu Pai o amará; nós iremos a ele, e faremos nossa casa com ele.* "

Nota: Jesus e o Pai aguardam ansiosamente nosso retorno para casa. Que alegria inundará este dia maravilhoso!

Aqui estão algumas das coisas que iremos experimentar:

no. Reunião com amigos e entes queridos; 1 Thesalonians 4: 16-18 " *Porque o mesmo Senhor, em um sinal dado, pela voz de um arcanjo, e pelo som da trombeta de Deus, descerá dos céus, e os mortos em Cristo deve ser levantada pela primeira vez. Então nós, os vivos, que permanecermos, seremos todos arrebatados junto com eles nas nuvens, para encontrar o Senhor nos ares, e assim estaremos* *sempre com o Senhor. Portanto, confortem uns aos outros com essas palavras. "*

b. **O cego vai ver, os surdos ouvirão, o paralisado vai andar, o mudo vai cantar,** Isaías 35: 3 - 6 " *Diga para aqueles que têm um conturbado coração: ter coragem, não temais; Eis o seu Deus, a vingança virá, a retribuição de Deus; Ele virá a si mesmo, e salvá-lo. Então os olhos dos cegos se abrirão, e os ouvidos dos surdos se abrirão; Então o coxo saltará como o cervo, e a língua do mudo explodirá de alegria. Pois águas jorrarão no deserto, e riachos no ermo; O glamour vai se transformar em uma lagoa, ea terra seca em mananciais de água; No covil que servia de abrigo aos chacais, crescerão juncos e juncos. Haverá um caminho aberto lá, uma estrada, Que será chamada de caminho santo; Nenhum impuro passará por ele; será apenas para eles; Aqueles que o seguem, mesmo os tolos, não podem se extraviar. Nesta estrada, não há leão; Nenhuma besta feroz o tomará, Ninguém se encontrará lá; Os entregues caminharão por lá. Os remidos de Jeová voltarão; Eles irão a Sião com cânticos de triunfo, E alegria eterna coroará suas* *cabeças; Alegria e alegria se aproximarão, Dor e gemidos fugirão. "*

vs. **Não há mais mortes, sofrimentos, lágrimas, tristezas;** Apocalipse 21: 3 - 5 *" E ouvi uma grande voz do trono, que dizia: Eis o tabernáculo de Deus com os homens! Ele habitará com eu x, e eles serão o seu povo, e Deus mesmo estará com eles. Ele enxugará toda lágrima de seus olhos, e a morte não existirá mais, e não haverá luto, nenhum grito, nenhuma dor, pois as primeiras coisas já passaram. E o que estava assentado no trono disse, Behold, eu estou fazendo todas as coisas novas. E ele disse: Escreva; pois essas palavras são certas e verdadeiras. "*

40. O que Paulo chama de segunda vinda de Cristo? Tito 2:13 *" aguardando a bendita esperança, e a manifestação da glória do nosso grande Deus e nosso Salvador Jesus Cristo "*

Obs: Jesus com certeza voltará, é a bendita esperança do povo de Deus.

41. Alguém pode saber a data do retorno de Jesus? *Mateus 24:36*

" Quanto ao dia e à hora, ninguém sabe, nem os anjos do céu, nem o Filho, mas somente o Pai. "

42. O que podemos ter certeza quando voltarmos? *Mateus 24: 32-33*

" Aprenda com uma comparação tirada da figueira. Assim que os seus ramos se tornam tenros, e as folhas brotam, sabeis que o verão está próximo. Da mesma forma, quando você vir todas essas coisas, saiba que o Filho do homem está perto da porta. "

Nota: Leia *Mateus* " 24 " e você descobrirá alguns dos sinais e condições do mundo que Jesus disse que serviriam para identificar o tempo de Sua vinda. Esses sinais estão ocorrendo diante de nossos olhos. O retorno de Jesus está próximo. Ele está na porta.

SUAS RECOMPENSAS ETERNAS

43. Como todos serão recompensados naquele dia? Apocalipse 22: 12

" Eis, eu venho em breve, e minha retribuição está comigo, para dar a cada um de acordo com o que seu trabalho é. "

Nota: a Bíblia é clara. As pessoas são recompensadas de acordo com suas obras.

44. Que aviso Jesus dá em Mateus 24:44? *" Portanto, também estejais preparados, porque o Filho do homem virá em um tempo em que não pensareis nele. "*

45. Se Jesus voltasse esta noite, você estaria pronto?

Resposta: ....

....

CONCLUSÃO

1 C orinthians 15: 35 - 58 " *Mas que alguém diga, como os mortos são ressuscitados, e com o que corpo vêm? Foolish! O que semeias não vem de volta à vida, a menos que ele morra. E o que você semeia é não o corpo que nascerá; é um único grão, talvez de trigo, ou de alguma outra semente; então Deus dá a ele um corpo como lhe agrada, e a cada semente ele dá um corpo próprio. Nem toda a carne é a mesma carne; mas outra é a carne dos homens, outra a dos quadrúpedes, outra a dos pássaros, outra a dos peixes. Também há corpos celestes e corpos terrestres; mas outra é a radiância dos corpos celestes, outra é a dos corpos terrestres. outro é o brilho do sol, outro o brilho da lua, e outra o brilho das estrelas;. até mesmo uma estrela difere em brilho de outra estrela Assim é com a ressurreição dos mortos. o corpo é semeado corruptível; ele se levanta incorruptível; é semeado desprezível, é ressuscitado glorioso; ele é semeado aleijado, ele ressuscita cheio de força; é semeado um corpo animal, é ressuscitado um corpo espiritual. Se existe um corpo animal, também*

existe um corpo espiritual. É por isso que está escrito: O primeiro homem, Adão, tornou-se uma alma vivente. O último Adão tornou-se um espírito vivificador. Mas o que é espiritual não é o primeiro, é o que é animal; o que é espiritual vem a seguir. O primeiro homem, tirado da terra, é terreno; o segundo homem é do céu. Como é o terreno, também o é terreno; e como é o celestial, tais também são celestiais. E assim como nós levamos a imagem do terreno, que também vai levar a imagem do celestial. O que estou dizendo, irmãos, é que carne e sangue não podem herdar o reino de Deus, e a corrupção não herda a incorruptibilidade. Eis, eu vos digo um mistério: não vamos todos morrer, mas vamos todos ser alterados, em um instante, no abrir e fechar de olhos, ante a última trombeta. A trombeta soará, e os mortos serão ressuscitados incorruptíveis, e nós seremos transformados. Por esta obrigação corruptível colocar a incorruptibilidade, e isto que é mortal se revista da imortalidade. Quando este corpo corruptível se revestir de incorruptibilidade, e isto que é mortal se revestir de imortalidade, então, a palavra que está escrito será cumprido: A morte foi tragada na vitória. Ó morte, onde está sua vitória? Ó

morte, onde está o seu aguilhão? O aguilhão da morte é o pecado; e o poder do pecado é a lei. Mas graças a Deus, que nos dá a vitória por nosso Senhor Jesus Cristo! Portanto, meus amados irmãos, sejam
firmes, inabaláveis, trabalhando cada vez melhor na obra do Senhor, sabendo que a sua obra não será em vão no Senhor. "

RESUMO

9. *O diabo faz com que aqueles que serão destruídos nas chamas do inferno saiam ou ele é seu executor?* Apocalipse 20:10

10. *Quem são as pessoas afetadas pela visão de Jesus no último dia?* Apocalipse 1: 7

11. *Na primeira ressurreição, quem será afetado?* 1 Tessalonicenses 4: 16-17

12. *Devemos acreditar que Jesus lhes garantiu a salvação dos soldados que o crucificaram?* Apocalipse 1: 7

13. *Como se expressou a fé de um dos soldados que o crucificaram?* Mateus 27:54

14. *Quanto aos restos mortais dos perdidos, como estarão quando Cristo voltar?* Apocalipse 17: 1

15. *Quais tribos serão poupadas da lamentação na volta de Cristo e no fim do mundo?* Apocalipse 7: 3-4

16. *O que nos leva a crer que Jesus trabalhou pela salvação de seus algozes?* Lucas 23:33 - 34

17. *Que significado é atribuído às nuvens?* Salmo 104: 3-4; 68: Salmo 68: 17-18

18. *Quem verá Jesus quando ele voltar?* Apocalipse 1: 7

19. *O que os anjos fazem quando ele aparece?* Mateus 24:31

ESPAÇO DE INVASÃO

20. *Jesus ensina um arrebatamento secreto?* Mateus 24:27

21. *A volta de Cristo é um evento que diz respeito a uma parte da terra?* Jeremias 25:32 - 33

22. *E os chamados pastores que seduzem as pessoas com milagres diabólicos?* Jeremias 25: 34-37

23. *Que figura mostra a terra?* Jeremias 25:38

24. *O que acontece com os justos no arrebatamento?* 1 Coríntios 15: 51-52

25. *Que tipo de corpo os santos terão para nós?* Filipinas 3: 20-21

26. *Em que corpos de santos podemos pensar que foram ressuscitados com a morte de Jesus Cristo?* Êxodo 13:19

27. *Como eles foram ressuscitados?* Mateus 27: 50-54

28. *Quando Jesus voltar, ele vai pisar a terra com seus pés novamente, ou ele vai ficar no ar?* 1 Tessalonicenses 4: 17

FALSE CHRISTS APARECERÃO

29. Como você será capaz de identificar um impostor?

30. Qual seria a sua reação?

Resposta: ....
....

31. Como saberemos que é um falso Cristo? *1 Tessalonicenses 4: 9-18*

SATANÁS E SEUS MINISTROS MASCARAM-SE DE CRISTO SIMULANDO SEU PODER DE PERDER HOMENS

32. Este baile de máscaras acontecerá neste fim do mundo, e como?

APARECE COMO UM ANJO DE LUZ; *2 Coríntios 11: 14-15*

FAZ MILAGRES; *Apocalipse 16:14*

TRAZER O FOGO DO CÉU: *Apocalipse 13:* 13-18

USE AS ESCRITURAS SAGRADAS; *Mateus 4: 5 - 7*

É BONITO E SÁBIO; *Ezequiel 28: 12-19*

33. Será seguro ir e ver um falso Cristo? *Mateus 24: 23-26*

O REI ESTÁ VINDO

34. O que os ímpios farão durante o sequestro? *Apocalipse 6:14 - 17*

35. *O que acontece com os ímpios durante o sequestro?* *2 Thesalonians 1: 6 - 10*

36. *Por que Deus não dá aos ímpios uma segunda chance?* *2 Thesalonians 2: 10 - 12*

37. *Como será a glória após o arrebatamento?* *Lucas 9:26*

38. *O que Cristo e seus exércitos farão às nações?* *Apocalipse 19: 11-16*

QUE DIA GLORIOSO

39. *Qual é o objetivo principal da volta de Jesus?* *João 14:23*

Reunião com amigos e entes queridos; *1 Tessalonicenses 4: 16-18*

O cego verá, o surdo ouvirá, o paralítico caminhará, o mudo cantará, *Isaías 35: 3-6*

Não há mais mortes, sofrimentos, lágrimas, tristezas; *Apo calipse 21: 3-5*

40. *O que Paulo chama de segunda vinda de Cristo?* *Tito 2:13*

41. *Alguém pode saber a data do retorno de Jesus?* *Mateus 24:36*

42. *Do que podemos ter certeza quando voltarmos?* *Mateus 24: 32-33*

SUAS RECOMPENSAS ETERNAS

43. *Como todos serão recompensados naquele dia?* Apocalipse 22: 12

44. *Que aviso Jesus dá em* Mateus 24:44?

45. *Se Jesus voltasse esta noite, você estaria pronto?*

46.

Resposta: ....
....

CONCLUSÃO *1 Coríntios 15: 35-58*

NA MESMA COLEÇÃO DE ESTUDOS BÍBLICOS:

1. O BATISMO DE JESUS CRISTO, A ANÚNCIO DO SÃO DOS SANTOS.
2. A PURIFICAÇÃO DO SANTUÁRIO, SATANÁS É CAÇA PARA FORA DO CÉU.
3. O FIM DO MUNDO NA BÍBLIA E NO SINAL DA BESTA, O " 666 ".
4. O GRANDE SINAL DA BESTA, O (666) REVELADO.
5. COMO OS HOMENS JÁ TOMARAM O SINAL (666) DA BESTA NA FRENTE?
6. COMO OS HOMENS JÁ TOMARAM (666) O SINAL DE BESTA NA MÃO?
7. OS DEZ MANDAMENTOS DE DEUS E A SALVAÇÃO EM JESUS CRISTO.

8. OS TEMPOS, O PECADO DE JUDAS NA IGREJA CONTEMPORÂNEA APOSTASIADA.

9. QUAIS SÃO OS OUTROS SINAIS DA BESTA?

10. O FUNCIONAMENTO DA IGREJA APÓSTATA.

11. PARAÍSO E ESPERANÇA CRISTÃ.

12. A IGREJA, OS CRISTÃOS.

13. QUEM É O VERDADEIRO DEUS?

14. HÁ UM DEUS!

15. EXISTE UM SENHOR!

16. HÁ UM ESPÍRITO!

17. EXISTE APENAS UMA FÉ!

18. HÁ UMA ESPERANÇA!

19. HÁ UM CORPO!

20. EXISTE APENAS UM BATISMO!

21. O SELO DE DEUS NO APOCALIPSE.

22. O SELO DO DIABO NO APOCALIPSE.

23. O DIA QUANDO DO VATICANO, a grande prostituta, a mãe do necessário será DESTRUÍDO.

24. ESTÁ AQUI o grande sinal DO FIM DOS TEMPOS, E DO RETORNO DE JESUS CRISTO.

25. O MOVIMENTO ISLÂMICO DESCRITO NO LIVRO DO APOCALIPSE.

26. a última igreja, os 144, 000, O RETORNO DO SENHOR JESUS CRISTO, e na eternidade.

27. VIGÉSIMA SÉTIMA ESCRITA: O TESTEMUNHO! VIDA E TESTEMUNHOS CRISTÃOS!

Printed by Books on Demand GmbH, Norderstedt / Germany